BEI GRIN MACHT SICH IHR WISSEN BEZAHLT

- Wir veröffentlichen Ihre Hausarbeit,
  Bachelor- und Masterarbeit

- Ihr eigenes eBook und Buch -
  weltweit in allen wichtigen Shops

- Verdienen Sie an jedem Verkauf

Jetzt bei www.GRIN.com hochladen
und kostenlos publizieren

Annette Schönhuber

Die Herausforderungen an eine Stationsleitung im Implementierungsprozess mit Primary Nursing

GRIN Verlag

Bibliografische Information der Deutschen Nationalbibliothek:

Die Deutsche Bibliothek verzeichnet diese Publikation in der Deutschen National-
bibliografie; detaillierte bibliografische Daten sind im Internet über http://dnb.d-
nb.de/ abrufbar.

Impressum:

Copyright © 2010 GRIN Verlag, Open Publishing GmbH
Druck und Bindung: Books on Demand GmbH, Norderstedt Germany
ISBN: 978-3-656-51781-8

Dieses Buch bei GRIN:

http://www.grin.com/de/e-book/263024/die-herausforderungen-an-eine-stationslei-
tung-im-implementierungsprozess

GRIN - Your knowledge has value

Der GRIN Verlag publiziert seit 1998 wissenschaftliche Arbeiten von Studenten, Hochschullehrern und anderen Akademikern als eBook und gedrucktes Buch. Die Verlagswebsite www.grin.com ist die ideale Plattform zur Veröffentlichung von Hausarbeiten, Abschlussarbeiten, wissenschaftlichen Aufsätzen, Dissertationen und Fachbüchern.

Besuchen Sie uns im Internet:

http://www.grin.com/

http://www.facebook.com/grincom

http://www.twitter.com/grin_com

Katholische Stiftungsfachhochschule München

Die Herausforderungen an eine Stationsleitung im Implementierungsprozess mit Primary Nursing

2. Hausarbeit im Modul 1.1

Einführung in die Pflegewissenschaften und in wissenschaftliches Arbeiten

Vorgelegt von: Annette Schönhuber

Wintersemester 2009/2010

Gliederung

1   Einleitung

Marie Manthey entwickelte das Pflegeorganisationssystem[1] Primary Nursing und führte es Ende der sechziger Jahre an der Universitätsklinik in Mineapolis/ USA ein (vgl. Daneke 2010). Damals war Manthey stellvertretende Pflegedienstdirektorin an der Universitätsklinik. Sie entschied sich dazu, dem Personal mehr Freiheit bezüglich der Organisation auf den Stationen zu erteilen (vgl. Tewes 2008). Ursache war der in den 1960er Jahren in den USA herrschende Pflegenotstand, der die Kliniken mehr oder weniger dazu zwang, sich mit innovativen Pflegeorganisationsmöglichkeiten auseinanderzusetzen um für die Pflegekräfte attraktivere Arbeitsbedingungen zu schaffen und eine zufriedenstellende Patientenversorgung zu gewährleisten. Die allgemein entstandene Unzufriedenheit der Pflegekräfte als auch eine daraus resultierende überdurchschnittlich hohe Fluktuation des Pflegepersonals beschreibt Manthey folgendermaßen: „Die Patienten waren unzufrieden mit dem Krankenhaus, die Ärzte waren unzufrieden mit der Pflege, und die Pflege war mit sich selbst und mit allen anderen unzufrieden"(Manthey 2002: 47). Hieraus ergaben sich für die Pflegedienstleitungen zwei grundlegende Probleme.

„1. erhielten die Patienten eine fragmentierte, unpersönliche und diskontiuierliche Pflege, und 2. waren die Pflegekräfte von ihrer Arbeit entmutigt und frustriert" (Manthey 2002: 47).

Um dieser Situation entgegenzuwirken bediente sich Manthey eines „personenbezogenen Managementansatz" und des „Konzept der dezentralen Entscheidungsfindung[2], die sie auf die Organisation und auf das Führungs- und Leitungsverständnis bezieht. Zentral ist hier das Verhältnis einer Delegation von Entscheidungsbefugnissen einerseits und der Kongruenz von Aufgabe, Verantwortung, Kompetenz und Zuständigkeit andererseits" (Mischo-Kelling in Manthey 2002: 11). Argyris und Schön schreiben im Hinblick auf die dezentrale Entscheidungsfindung: „ Bringe die Verantwortung zum Handeln und die Befugnis zum Handeln so nah wie möglich an die Akteure heran, die über die maßgeblichen Informationen verfügen. Diesen Personen sollte die Gelegenheit gegeben werden, sachkundige Entscheidungen zu treffen. Sie sollten die Verantwortung dafür erhalten, ihre Entscheidungen umzusetzen und deren Wirksamkeit zu überwachen" (Argyris, Schön 1999:230).

---

[1] „Pflegeorganisationssystem" , „Pflegesystem" oder „pflegerisches Versorgungssystem" sind Bezeichnungen für die Art der Organisation der Pflege. In Deutschland wird vor allem der Begriff „Pflegesystem" im Hinblick auf die Organisation im Krankenhaus verwendet. (Mischo- Kelling in Manthey 2002:9). Manthey verwendet vorwiegend die Begriffskombination „ pflegerisches Versorgungssystem". (vgl. Manthey, 2002)
[2] Das „Konzept der dezentralen Entscheidungsfindung" beschreibt die Einbettung der Personalentscheidung in die Perspektiven des jeweiligen Aufgabenfeldes. (vgl. Josuks 2008)

Während des Implementierungsprozesses[3] um das Pflegeorganisationssystem Primary Nursing kommen diverse Herausforderungen auf eine Stationsleitung[4] zu. Klassische Organisationskonzepte, wie die Funktionspflege, Bereichspflege, Gruppenpflege oder Zimmerpflege[5] werden abgelöst und fordern gerade von der Stationsleitung ein Umdenken bezüglich ihrer Rolle im Team und der Gesamtorganisation, wie z. B. dem Krankenhaus oder Altenheim. Nachdem Konzept und Ziele von Primary Nursing beschrieben werden, wird auf die Rolle der Stationsleitung eingegangen. Vorab werden jedoch noch theoretische Grundlagen geklärt.

2 Theoretische Grundlagen

2.1 Definitionen

2.1.1 Primary Nursing

Marie Manthey definiert Primary Nursing als "Pflegerisches Versorgungssystem welches nach Manthey darauf ausgerichtet ist, zum einen „die „Rund-um-die-Uhr"-Verantwortung für die Pflege eines Patienten einer bestimmten Pflegekraft persönlich zu übertragen" (Manthey 2002: 21). Zum anderen soll dieser Pflegekraft die Möglichkeit geboten werden, entweder selbst die „physische Versorgung" des Patienten sicherzustellen oder bei Abwesenheit durch eine Pflegekraft vertreten zu werden. Die „vertretende Pflegekraft" hat dann wiederum die Aufgabe zuverlässig nach der von der Primary Nurse erstellten Pflegeplanung die Patientenversorgung durchzuführen. Kurzgefasst erklärt Manthey Primary Nursing als ein auf Beziehungen gründendes, ressourcenorientiertes Versorgungssystem. (vgl. Manthey 2002)

„ Primary Nursing ist die Durchführung von umfassender, kontinuierlicher, koordinierter und individualisierter Pflege durch die Primary Nurse, die über die Autonomie, Rechenschaftspflicht und die Autorität verfügt, als verantwortliche Pflegeperson für ihre Patienten zu handeln" (Marram et al. 1976, zitiert in Ersser/Tutton 2000: 5).

---

[3] Die Implementierung ist ursprünglich ein Begriff aus der EDV. Implementieren beschreibt, dass Software oder Hardware in ein bestehendes Computersystem eingesetzt wird und so ein funktionsfähiges Programm erstellt wird (Duden, Das Fremdwörterbuch, 2001:426).
[4] Die Stationsleitung beschreibt hier die weibliche, als auch die männliche Stationsleitung. Im Text ist möglicherweise die männliche oder weibliche Form gewählt. Es sind jeweils beide Geschlechter gemeint.
[5] Funktions-, Bereichs-, Gruppen-, Zimmerpflege sind klassische Pflegeorganisationssysteme. Die Funktionspflege ist tätigkeitsorientiert, d. h. die Erfüllung pflegerischer Tätigkeiten steht über den Bedürfnissen der Patienten. Die Zimmer- Bereichs- und Gruppenpflege fallen in den Bereich der prozessbezogenen Pflege, der sogenannten Bezugspflege. Eine oder mehrere Pflegepersonen übernimmt oder übernehmen über einen gewissen Zeitraum für mehrere Patienten die Handlungen und die Verantwortung (Bücker 2006:43f.).

„ Primary Nursing ist als Pflegesystem so organisiert, dass es die kontinuierliche und umfassende pflegerische Versorgung der Patienten maximiert. Den Schwerpunkt bildet eine Pflegeperson, die über die professionelle/ organisatorische Autonomie verfügt, die Verantwortung und die Rechenschaftspflicht für die Pflegeplanung und soweit möglich, die umfassende pflegerische Versorgung bestimmter Patienten während ihres Krankenhausaufenthaltes zu übernehmen. Im Idealfall erstreckt sich diese Verantwortung auch auf die Wiederaufnahme eines Patienten, auf häusliche Pflege und die weitere ambulante Versorgung" (Anderson/Choi 1980, zitiert in Ersser/ Tutton 2000: 5).

Mischo-Kelling erklärt, dass Primary Nursing mit „Primäre Pflege" oder „Primärpflege" übersetzt wird. Weiter verweist sie auf die bestimmten Merkmale, die Primary Nursing von anderen Pflegesystemen unterscheidet, „(wie z.B. die 24stündige Verantwortung für die Pflege für die Pflege der zugewiesenen Patienten)" (Mischo-Kelling in Manthey 2002: 15).

2.1.2   Primary Nurse, Associated Nurse, Assistant Nurse[6]

Kennzeichnend für Primary Nursing ist eine abgestufte Zuständigkeit in der pflegerischen Versorgung: die Primary Nurse ist die verantwortliche Pflegefachkraft, auch genannt erste Pflegefachkraft oder Primärpflegefachkraft (Krankenschwester oder Altenpflegerin) in der Betreuung des Patienten bzw. zu Pflegenden (Schlettig, v. d. Heide 1993: 86).

Die Associate Nurse oder vertretende Pflegefachkraft (Krankenschwester oder Altenpflegerin) ist der Primary Nurse zugeteilt. Diese übernimmt in der Abwesenheit der Primary Nurse die Durchführung der zuvor geplanten Pflege. Als Pflegefachkraft kann auch die Associated Nurse mit entsprechender Qualifikation, für andere Pflegende die Position der Primary Nurse einnehmen. (vgl. Lynch, Knipfer 1998)

„Die Assistant Nurse ist eine nicht examinierte, angelernte Pflegekraft (Pflegehilfskraft). Sie ist der Primary Nurse unterstellt und führt in ihrem Auftrag die geplanten Tätigkeiten am zu Pflegenden durch"(Zisler 1999:57, in Josuks 2008:17).

---

[6] Primary Nurse, Associated Nurse, Assistant Nurse beschreibt jeweils die weibliche als auch die männliche Pflegekraft hinsichtlich ihrer Funktion. Im Text ist möglicherweise die männliche oder weibliche Form gewählt. Es sind jeweils beide Geschlechter gemeint.

2.1.3   Stationsleitung

In der Literatur werden für den Begriff der Stationsleitung verschiedene Definitionen verwendet. Dabei handelt es sich häufig um Beschreibungen, die das Bild der „klassischen Stationsleitung" aufzeigen. Petra Schütz-Pazzini verfasste diesbezüglich einen Zeitschriftenartikel mit dem Titel „Von der Stationsmutter zur Führungskraft". Darin beschreibt sie die Stationsleitung im Hinblick auf die bisher vorherrschende Rolle mit den Worten Mantheys von 1980 als „Quelle aller zentralen Entscheidungen, quasi der Mittelpunkt des Stationsuniversums" (Schütz-Pazzini 2003: 876). Hinsichtlich des klassischen Verständnisses bezüglich der Rolle der Stationsleitung im Rahmen der Pflegeorganisationssysteme, wie der Gruppen- oder Funktionspflege, gibt es diverse Definitionen. Die meiner Meinung nach eher veraltete Bezeichnung ist die der „Stationsschwester". Diese wird im Pflegelexikon von 1999 mit dem Begriff der „Stationspflegerin" als Synonym verwendet und wird wie folgt erklärt: „ steht dem Pflegedienst auf der Station bzw. Abteilung sachl. vor. Sie ist gegenüber dem ihr unterstellten Pflegepersonal weisungsbefugt u. zur Aufsicht berechtigt. Zugleich ist sie für den Ablauf des Pflegedienstes u. die Sicherstellung einer ordnungsgemäßen Pflege verantwortl. Ihrer Verantwortlichkeit für die Pflegequalität entsprechen Überwachungs- und Überprüfungspflichten gegenüber dem ihr untergeordneten Personal" (Georg/Frowein 1999: 819).

Manthey schreibt über die klassische Sichtweise auf eine Stationsleitung:
   „Sie ist   diejenige, die auf alle Fragen eine Antwort hat und jedes Problem,
ob groß oder klein, in den Griff kriegt. Eine Stationsleitung, die die Vorlieben
der Ärzte genau kennt, die weiß, wie man eine Gewebeprobe in ein Labor nach „Irgendwo"
schickt, wo noch Materialien versteckt sind und wie man am besten mit einer falschen
Medikation umgeht, ist in jedem System eine Perle. Wenn sie es zu allem Überfluß
noch schafft ihre Station mit einem Minimum an überstunden zu führen,
dann kriegt sie schon fast einen Orden. Eine gute Stationsleitung ist die Quelle dieses Wissens und je
genauer und schneller sie alle Fragen beantworten kann, umso besser ist sie" (Manthey 2002:72f.).
Eine moderne Auffassung der Rolle der Stationsleitung kommt von Petra Schütz- Pazzini, die es als wünschenswert sieht, eine Stationsleitung als Führungskraft anzuerkennen, welche „eine bewusste Personalführung und –entwicklung nach pflegeinhaltlich gefüllten und an betrieblichen Zielen orientierten Anforderungsprofilen" umsetzt. (Schütz- Pazzini 2007: 140)

Im Pflegeorganisationssystem Primary Nursing wird vor allem von der Stationsleitung ein Perspektivwechsel im Hinblick auf ihre Rolle im Team und ihren Aufgabenbereich erwartet.

Dies fordert von dieser, die klassische Rolle der Stationsleitung abzulegen. (vgl. Manthey 2002)

3 Konzept und Ziele von Primary Nursing

Hinsichtlich der zunehmenden Verbreitung von Primary Nursing seit den 60er Jahren, ausgehend von den USA, über die Angelsächsischen Länder bis nach Deutschland[7], schreibt Thorsten Bücker: „Das Interesse an diesem Konzept der Pflege wächst vor allem deshalb, weil dieses Pflegekonzept eine innovative und lernende Organisationsform[8] bildet" (Bücker 2006: 43) . Die Inhalte der Elemente und Ziele werden nachfolgend beschrieben.

3.1 Die Elemente des Primary Nursing nach Marie Manthey

Das Konzept von Primary Nursing als pflegerisches Versorgungssystem besteht aus vier Grundelementen:

1.Übertragung der Persönlichen Verantwortung für das Treffen von Entscheidungen auf eine Person und deren Akzeptanz durch diese Person. Manthey bezeichnet diesen Punkt in Bezug auf „das Treffen von Entscheidungen in Bezug auf die Pflege des Patienten" als „Kernstück des Primary Nursing und der wesentliche Unterschied zwischen anderen Pflegesystemen"(Manthey 2002: 62). In diesem Punkt geht es darum, dass „die Entscheidungskompetenz auf die Ebene des Handelns zu verlagern"(Manthey 2002: 62). Die Primary Nurse trägt die Verantwortung dafür, dass alle notwendigen, die Patientenversorgung betreffenden Informationen verfügbar sind, sodass im Fall ihrer Abwesenheit, die vertretende Pflegekraft (Associated Nurse) die Versorgung nach der von ihr vorgegebenen Pflegeplanung weiter führen kann. (vgl. Manthey 2002)

2.Tägliche Arbeitszuweisung nach der Fallmethode. Hiermit ist gemeint, dass im Hinblick auf die oder den Patienten, die Kontinuität für den Einzelfall zu betrachten ist. Außerdem wird hierbei berücksichtigt, wie „der Bedarf der Patienten am ehesten mit den Möglichkeiten des Personals in Einklang gebracht werden kann"(Manthey 2002: 65). Manthey weist darauf

---

[7] Während in den USA seit den 60/70er Jahren eine zunehmende Professionalisierung und Akademisierung der Pflegekräfte von statten ging (vgl. Manthey 2002), ist das in Deutschland seit den 90er Jahren zu beobachten.
[8] Als „lernende Organisationsform" wird das Konzept bezeichnet, welches vom kulturellen Lernen von und in einer Organisation ausgeht und begreift, den Arbeitsort, wie das Krankenhaus, im Lernkontext zu gestalten. Alle Organisationsmitglieder haben die Möglichkeit durch eine kommunikative Kultur permanent zu lernen. Es kann damit ein Beitrag zur Gesundheitsförderung der Mitarbeiter am Arbeitsort Krankenhaus geleistet werden. Dadurch kann möglicherweise auch, die Humanität, als auch die Patientenorientierung vor die Institutionsorientierung positioniert werden. (Borsi 1995: 204)

hin, dass die Methode der Fallzuweisung nicht als tätigkeits-, sondern als patientenorientiert zu sehen ist. (vgl. Manthey 2002)

3.Direkte Kommunikation von Mensch zu Mensch. Dieser Aspekt kann auch als „dezentralisierte Kommunikation" bezeichnet werden, was soviel bedeutet, dass die mit der Patientenversorgung beauftragten Personen, direkt miteinander reden. Hiermit soll dem Verlust von Informationen vorgebeugt werden (vgl. Manthey 2002). Wichtig ist außerdem, „dass die Person, die während einer Schicht die Versorgung des Patienten übernimmt, ihren Bericht derjenigen Person erstattet, die in der nächsten Schicht die Verantwortung für die Pflege ihrer Patienten übernimmt"(Manthey 2002:67). Hervorzuheben ist, die Kommunikation zwischen der Pflegekraft und dem Patienten, bzw. dessen Angehörigen. Gelegentlich, so fordert Manthey „muss sich die primäre Pflegekraft auch als Anwalt des Patienten verstehen"(Manthey 2002: 68). Die Primary Nurse soll somit dafür sorge tragen, dass der Patient von anderen Teammitgliedern, wie z. B. dem Arzt, die für sich notwendigen Auskünfte erhält. (vgl. Manthey 2002)

4.Übernahme der Verantwortung für die Qualität der für einen Patienten erbrachten Pflege durch eine Person, und zwar 24 Stunden am Tag, sieben Tage die Woche.

„Punkt 4 wurde aktualisiert in „Umfassende pflegerische Verantwortung für einen Patienten, der Pflegeleistungen von einer bestimmten Station oder sonstigen Stelle erhält" (Manthey 1988, zitiert in Ersser/Tutton 2000: 5).

Das vierte Element des Primary Nursing unterstreicht meiner Meinung nach die Elemente eins bis drei und ist auch der Punkt, welcher Primary Nursing, als „ganzheitliches Pflegesystem"[9] deutlich von anderen Pflegesystemen unterscheidet. Es beinhaltet den Aspekt, dass Pflegeplanender zugleich auch Pflegedurchführender sein soll. Außerdem besteht der Zeitraum der Verantwortung von der Aufnahme des Patienten, über den Klinikaufenthalt hinweg, bis zur Entlassung. Der Bereich der Verantwortung umfasst alle Pflegerelevanten Gesichtspunkte. Die Primary Nurse wird in dieser Zeit, während ihrer Abwesenheit durch eine Associated Nurse vertreten, welche, die zuvor von der Primary Nurse festgelegte Pflegeplanung, durchführt. (vgl. Manthey 2002)

---

[9] Ein „Ganzheitliches Pflegesystem" ist ein Pflegesystem, das sich sowohl durch eine ausgeprägte Klientenorientierung als auch an Prinzipien der Gesundheits- und Persönlichkeitsförderung der MitarbeiterInnen in der Vollständigkeit der Arbeitstätigkeit auszeichnet. (Büssing , Glaser 1997:302f.).

3.2 Die Ziele von Primary Nursing

Das Hauptziel der Pflege besteht darin, eine kompetente und individuell angepasste ressourcenorientierte Pflege anzubieten. Der zu Pflegende im Zentrum des Pflegeprozesses, soll in seiner Ganzheitlichkeit mit all seinen Bedürfnissen, Sorgen und Ängsten wahr und ernst genommen werden. (vgl. Bökenkamp 2006)

Hannelore Josuks (2008) differenziert zwischen Kundenbezogenen, Personalbezogenen und Betriebsbezogenen Zielen, die mit der Organisationsform des Primary Nursing erreicht werden sollen (vgl. Josuks 2008). „Die Ziele, die mit der Organisationsform von PN[10] erreicht werden sollen, beziehen sich auf den direkten und indirekten Kunden[11], das Personal und die Organisation in Einrichtungen der stationären und ambulanten Pflege" (Josuks 2008: 18). Unter den Aspekt der Kundenbezogenen Ziele, stellt Josuks „die Zufriedenheit des direkten Kunden"(Josuks 2008: 19). Diese Zufriedenheit kann erreicht werden, da der Patient und seine Angehörigen eine feste Bezugsperson haben, die sich um die „individuelle, koordinierte und zielorientierte Pflege, welche auf der Grundlage des aktuellen pflegerischen Wissens geplant und durchgeführt wird" (Josuks 2008: 19) bemüht. Gleichzeitig besteht hierbei die Möglichkeit, dem Kunden das Gefühl von Sicherheit zu vermitteln. Die Kombination aus Vertrauensverhältnis und fester Bezugsperson ermöglichen dem Patienten aktiv am Pflegeprozess teilzunehmen und diesen mit zu gestalten (vgl. Josuks 2008). Zu den Personalbezogenen Zielen gehören Josuks nach die „Berufs- und Arbeitszufriedenheit, erreichbar durch die Übernahme von Verantwortung für die eigene Tätigkeit" (Josuks2008:19). Der Arbeitspsychologe und Mathematiker André Büssing benennt das Konzept, ausgehend von der Theorie der Handlungsregulierung und dem damit verbundenen Verständnis der vollständigen Tätigkeit[12] nach Hacker, als das„Konzept der vollständigen Pflege" (vgl. Büssing 1997). „PN ermöglicht die qualitative Weiterentwicklung der Pflege, die Kontinuität in der Durchführung pflegerischer Tätigkeiten und das bewusste Wahrnehmen von Erfolgen in der Pflege des direkten Kunden" (Josuks 2008: 19). Als positiv zu nennender und in diesem Zusammenhang stehender Nebeneffekt, wird die Verringerung der Fluktuation beschrieben(vgl. Josuks 2008). Die betriebsbezogenen Ziele sind die „Dezentralisierung von Machtstrukturen", als auch die „ökonomische Betriebsführung, im Sinne des zuvor definierten Qualitätsniveaus der Einrichtung" (Josuks 2008: 19). Um eine erfolgreiche

---

[10] PN steht als Abkürzung für Primary Nursing.
[11] Der Kundenbegriff steht im Fall des internen Kunden für z. B. den Mitarbeiter, die Pflegekraft, und im Fall des externen Kunden für, z. B. den Patienten. (vgl. Haubrock 2005).
[12] Eine „Vollständig Tätigkeit" ist bei vorliegenden Gegebenheiten der Fall: Möglichkeiten zu sozialer Interaktion, Anforderungsvielfalt, Lern- und Entwicklungsmöglichkeiten, Ganzheitlichkeit, Sinnhaftigkeit und Tätigkeitsspielräume (Büssing 1997: 22).

Umsetzung der Ziele mit Primary Nursing zu erreichen, ist es notwendig die strukturellen Vorraussetzungen zu schaffen(vgl. Manthey 2002).

4. Die Rolle der Stationsleitung im Implementierungsprozess mit Primary Nursing – „Ressource- Person" und Führungskraft

Um als Stationsleitung die Umsetzung von Primary Nursing erfolgreich zu bewerkstelligen, ist es notwendig, dass alle Ebenen der Führungskräfte, von der Stationsebene, über das mittlere Management, bis hin zur Pflegedienstdirektion, das Pflegeorganisationssystem in der Einführung unterstützen. Jedoch, so schreibt Manthey (2002) ist es nicht notwendig im Rahmen des Implementierungsprozesses die Gesamtorganisation Krankenhaus mit einzubeziehen. Einzelne Stationen können die Implementierung im Rahmen eines Projekts mit Hilfe einer Planungsgruppe vollziehen, welches nach Uzarewicz und Kirchermeier in vier Phasen unterteilt werden kann:

1. Die Vorlaufphase mit Ist- Analysen und Soll- Konzeption;

2. Die Planungsphase, welche Finanzplan, Zeitplan, Umsetzungskonzept, Gremien, externe Kooperationspartner und Schulungskonzepte, beinhaltet;

3. Die Durchführungsphase, mit den Aspekten: Rahmenbedingungen, Schulungen, interaktionelles Pflegekonzept/ subjektivierendes Pflegehandeln, Coaching der Leitung ;

4. Evaluation der Veränderungen in Bezug auf die: Pflegearbeit, Arbeitsorganisation, MA-Zufriedenheit und Finanzen. Sind diese Phasen erfolgreich durchlaufen, kann das Projekt zum Abschluss gebracht werden. (Uzarewicz/Kirchermeier 2004: 4)

Insgesamt ist es wichtig, dass sich die Führungskräfte entsprechende Kenntnisse aneignen und auf den verschiedenen Ebenen zusammenarbeiten (Schütz-Pazzini 2007: 131). Als grundlegende Kenntnisse sind hier zu nennen: „fundiertes Wissen, und ein klares, reflektiertes Verständnis für zentrale und dezentrale Entscheidungen und damit für die Zusammenhänge zwischen Verantwortungsübernahme, Entscheidungsbefugnis und Rechenschaft" (Schütz-Pazzini 2007: 136). Wird Primary Nursing implementiert und löst ein bisher umgesetztes Pflegeorganisationssystem, wie zum Beispiel die Bereichspflege ab, so sollte die Stationsleitung ihre Mitarbeiter sehr gut beurteilen können und deren Arbeitsweise, Kompetenzen und individuelles Pflegeverständnis kennen. Dieses Wissen, so geht es aus der vorliegenden Literatur hervor, hilft der Stationsleitung die Pflegekräfte ihres Teams hinsichtlich des Primary Nursing insofern zu beurteilen, als dass sie einschätzen kann, welche Pflegekraft als Primary Nurse geeignet ist und welche zu Anfang, oder überhaupt, besser als Associated Nurse eingesetzt werden sollte. Somit kann auch der Schulungsbedarf erkannt werden und entsprechende Qualifizierungsmaßnahmen geplant und durchgeführt werden (vgl. Manthey 2002). „Viele Stationsleitungen erfahren, dass sie sich als Führungskräfte dem Team und den Mitarbeitern gegenüber in ungewohnter Weise neu positionieren müssen (Schütz- Pazzini 2007: 144). Dieser Aspekt beinhaltet vor allem, dass sich die Stationsleitung zuerst einmal ihrer neuen Identität als Führungskraft mit dem Pflegeorganisationssystem Primary Nursing bewusst werden muss und sich von ihrer klassischen Rolle als Stationsleitung distanziert. Ein Teil ihrer Führungsarbeit besteht im Begleiten und Unterstützen der Mitarbeiter, daher wird sie in dieser Hinsicht von Manthey als „Ressource-Person" bezeichnet. Dieser Wandel hat Auswirkung auf die Beziehungen im Team (vgl. Manthey 2002).

Ein ausschlaggebender Gesichtspunkt hierbei, ist der der Kommunikation. Laut Manthey fällt es der Stationsleitung zu Anfang häufig schwer, sich an die Situation zu gewöhnen, dass ein Mitarbeiter mehr Information über die Patienten hat, als sie selbst. Jedoch ist es wichtig, dass sie sich in dieser Hinsicht reflektiert, gewohnte Verhaltenmuster ablegt und Neue zulässt. „Damit Primary Nursing funktioniert, muss die Stationsleitung alle an sie gerichteten entsprechenden Fragen, an die Pflegekräfte weitergeben" (Manthey 2002: 73). Sie hat die Aufgabe der Primary Nurse in der direkten Kommunikation mit allen Mitgliedern der an der Patientenversorgung beteiligten Personen, wie den Ärzten, Unterstützung zukommen zu lassen und im entsprechenden Fall, Problemlösungsvorschläge anzubieten.

Ein weiterer Aspekt ist das Vertrauen der Stationsleitung in die als Primary Nurse handelnde Pflegekraft, welche um als Primary Nurse tätig sein zu dürfen, die notwendigen Kenntnisse, Fertigkeiten und ethischen Standards beherrschen soll, um adäquat Rechenschaft ablegen zu können (vgl. McMahon, 2000). Schließlich trägt die Primary Nurse die Verantwortung für die Kommunikation um, über und mit „ihren" Patienten. Andererseits wiederum übernimmt die Stationsleitung die Rolle der klinischen Leitung und hat die kontinuierliche Verantwortung für das gesamte Management der Patientenversorgung (Manthey 2002: 74). Somit ist die Stationsleitung für die Qualitätsentwicklung, Pflegeorganisation und Mitarbeiterführung verantwortlich. Daher kommt ihr auch das Recht und die Pflicht zu, der Primary Nursing abzuverlangen, Rechenschaft über die von dieser geplanten und/ oder durchgeführten Pflege, abzulegen. Diese Maßnahme ist notwendig um zu prüfen, ob die Pflegeplanung und – durchführung auf nachvollziehbarem Theorie und Forschung basiert und damit sinnvoll erklärt werden kann (vgl. McMahon, 2000). Im Pflegealltag, wie auch in Konfliktsituationen, greift die Stationsleitung koordinierend, beratend und moderierend ein. Einige Pflegekräfte benötigen Hilfestellung im Umgang mit der neugewonnenen Verantwortung und der dadurch entstandenen Verunsicherung (vgl. Manthey 2002). Durch die Verantwortung für die Patientenzuweisung hat die Stationsleitung direkten Einfluss auf die qualitative und quantitative Vorbereitung der Arbeit (Krüger et al. 2006). Dieser Aspekt ist vor allem bei der Dienstplanerstellung zu berücksichtigen, in dem sie anhand der grundlegenden Elemente von Primary Nursing, die Pflegekräfte kompetenzgerecht einteilt. (DBfK, 2010)

„Wenn ein Krankenhaus der Stationsleitung die Verantwortung für die Qualität der pflegerischen Versorgung rund um die Uhr überträgt, heißt das, dass es ihr auch eine entsprechende Autorität einräumen muss"(Manthey 2002: 77). Diese Autorität beinhaltet, das Recht, Ressourcen zuzuteilen, Personalentscheidungen selbständig zu treffen, die Ausführung der Pflege zu beurteilen und Standards für die praktische Arbeit zu setzen. Hat eine Stationsleitung nicht die Autorität oben genannte Entscheidungen zu treffen, bzw. mit zu entscheiden, so schreibt Manthey, kann sie auch nicht dafür verantwortlich gemacht werden (vgl. Manthey 2002).

5.   Fazit

Betrachtet man Primary Nursing in Gegenüberstellung der vier Kernelemente und der Ziele wird deutlich, welche Herausforderungen im Rahmen des Implementierungsprozesses zu erwarten sind. Der Rolle der Stationsleitung kommt hier als „Ressource-Person" ein großer Teil der Aufmerksamkeit zu. Für die Gesamtorganisation, wie ein Krankenhaus, bedeutet die Einführung ein Heraustreten aus meiner Meinung nach veralteten Organisationsstrukturen, hin zu innovativen, zeitgemäßen Neustrukturierungen im System der Pflegeorganisation.

Die Rolle der Stationsleitung erfährt im Konzept des Primary Nursing eine neue Identität. Manthey erklärt, dass sie die „klinische Entscheidungsbefugnisse und Managementfunktionen in einer einzigen Position der Stärke, die die operative Verantwortung für eine kompetente Pflegepraxis rund um die Uhr und an jedem Tag beinhaltet"(Manthey 2002: 78) ist.

Außerdem verweist sie darauf, dass Primary Nursing am Besten dort funktioniert, wo die Stationsleitung eine ebenso gute Klinikerin, wie Managerin ist. Die konsequente Umsetzung des Konzepts, so schreibt Tewes (2008) führt zu wachsender Entscheidungsstärke und Verantwortungsübernahme für die Patienten, durch die Pflegekräfte. Die Pflegekräfte haben die Möglichkeit im Sinn einer „vollständigen Tätigkeit", im Rahmen einer dezentralisierten Entscheidungsfindung, Anerkennung und Selbstzufriedenheit zu erfahren (vgl. Büssing 1997). Der Patient erfährt Kontinuität und das Gefühl von Sicherheit in seiner Versorgung, da er eine feste Bezugsperson hat, an die er sich wenden kann (vgl. Manthey 2002).

Hinsichtlich der zukünftigen Entwicklung von Primary Nursing als angewandtes Konzept für die Pflegeorganisation, ziehe ich den Schluss, dass das Konzept noch mehr an Bedeutung gewinnen wird, als es aktuell schon der Fall ist. Jedoch und darauf verweist auch Manthey (2002) wird das Konzept nur dann angemessen umsetzbar sein, wenn ausreichend Pflegefachkräfte und Personal für die Patientenversorgung vorhanden ist.

6. Literaturliste

Anderson, M. /Choi, T. (1980): Primary Nursing in an organisational context. In: Journal of Nursing Administration, Heft 10, S. 26-31, In: Ersser, Steven/ Tutton, Elizabeth (Hg.) (2000):Primary Nursing. Grundlagen und Anwendung eines patientenorientierten Pflegesystems, Bern, Hans Huber, S. 5

Argyris, Chris, Schön, Donald A. (1999): Die lernende Organisation. Grundlagen, Methode, Praxis. Stuttgart, Klett-Cotta, S. 230

Borsi, Gabriele M. (1995): Neues Denken für den Umgang mit komplexen Problemen. In: Borsi, Gabriele M./Schröck Ruth: Pflegemanegement im Wandel. Perspektiven und Kontroversen. Berlin, Heidelberg. Springer. S.133-173

Bökenkamp, Andreas (2006): Primary Nursing. Patientenurteil: sinnvoll. In: Die Schwester Der Pfleger, 45. Jhrg. Heft 02: S. 96-100

Bücker, Thorsten (2006): Teamorganisation mit Primary Nursing. Ein systemischer Organisationsentwicklungsansatz im Krankenhaus. Hannover. Schlütersche

Büssing, Andrè (Hg.) (1997): Neue Entwicklungen in der Krankenpflege. Reorganisation von der funktionalen zur ganzheitlichen Pflege. In: Büssing, Andrè (Hg)(1997): Von der funktionalen zur ganzheitlichen Pflege. Reorganisation von Dienstleistungsprozessen im Krankenhaus. Göttingen. Verlag für Angewandte Psychologie, S. 15-48.

Büssing, André, Glaser, Jürgen (1997): IV Erfahrungen mit ganzheitlicher Pflege. Ganzheitliche Pflege und Arbeitsbelastung. In: Büssing, André (Hg.)(1997): Von der funktionalen zur ganzheitlichen Pflege. Reorganisation von Dienstleistungsprozessen. Göttingen, Verlag für Angewandte Psychologie, S. 301-320

Daneke, Sigrid (2010): Primary Nursing: „In" – aber nicht immer drin. In: Die Schwester der Pfleger, 49. Jg. Heft 08: S.756- 759

DBfK, Deutscher Berufsverband für Pflegeberufe (Hg.)(2010): Deutsches Netzwerk Primary Nursing: Dienstplangestaltung im System der Primären Verantwortung in der Pflege. ternetpublikation http://www.dbfk.de/ Startseite PN-Netwerk/ Dienstplangestaltung-im-System-der-Primären-Verantwortung-in-der-Pflege.pdf

Duden, Das Fremdwörterbuch (2001), Leipzig, Mannheim, Brockhaus

Ersser, Steven/Tutton, Elizabeth (Hg.) (2000): Primary Nursing- Worum geht es? In: Ersser, Steven/Tutton Elizabeth (Hg.): Primary Nursing. Grundlagen und Anwendung eines patientenorientierten Pflegesystems. Bern, Göttingen, Toronto, Seattle. Hans Huber: S. 3-35

Georg, Jürgen/Frowein, Michael (Hg.)(1999): Pflegelexikon. Wiesbaden, Ullstein Medical

Haubrock, Manfred (2005): Finanzierung von Krankenhausleistungen im Wandel- vom Tagessatz zum leistungsbezogenen Entgelt. In: Kerres, Andrea/Seeberger, Bernd (Hg.) (2005): Gesamtlehrbuch Pflegemanagement. Heidelberg, Springer, S.235-267

Josuks, Hannelore (2008): Primary Nursing: Ein Konzept für die ambulante Pflege. Ein Leitfaden zur Implementierung eines neuen Pflegesystems. 2. Aufl., Hannover, Schlütersche

Krüger, Heike et al. (2006): Implementierung. Primary Nursing- lohnt sich der Aufwand. In: Die Schwester/Der Pfleger, 45. Jhrg. Heft 2: S. 92-95

Lynch, M. A., Knipfer, Eva (1998): Professionelle Pflege durch Primary nursing? Teil 2. In: Heilberufe 50, Heft 2, München, Urban Vogel, S. 40-41

Manthey, Marie (2002): Primary Nursing – Ein personenbezogenes Pflegesystem. 1. Aufl. der deutschen Übersetzung. Bern, Hans Huber

Manthey, Marie (1988): Can primary nursing survive? American Journal of Medicine, 5/1988:644-647. In: Ersser, Steven/Tutton, Elizabeth (Hg.) (2000): Primary Nursing. Grundlagen und Anwendung eines patientenorientierten Pflegesystems. Bern, Hans Huber, S. 5
.

Marram , G. D. et al. (1976): Cost Effectiveness of Primary and Teamnursing. In: Ersser, Steven/Tutton, Elizabeth (Hg.)(2000): Primary Nursing. Grundlagen und Anwendung eines patientenorientierten Pflegesystems, Bern, Hans Huber, S. 5

McMahon, Richard (2000): Macht und Kommunikation bei Primary Nursing. In: Ersser, Steven/ Tutton, Elizabeth (Hg.)(2000): Primary Nursing. Grundlagen und Anwendung eines patientenorentierten Pflegesystems. Bern, Hans Huber, S. 193-204

Mischo-Kelling, Maria (2002): Vorwort zur deutschen Ausgabe. In: Manthey, Marie (2002):Primary Nursing – Ein personenbezogenes Pflegesystem. 1. Auflage der deutschen Übersetzung. Bern, Hans Huber, S.7-16

Schlettig, Hans-Joachim, v. d. Heide, Ursula (1993): Bezugspflege. Berlin, Springer

Schütz-Pazzini, Petra (2003): Die Stationsleitung im System der primären Pflege: Von der Stationsmutter zur Führungskraft. In: Pflegezeitschrift, 56. Jhrg., Heft 12: S. 875- 878

Schütz-Pazzini, Petra (2007): Leiten- Führen-Managen: Zur Notwendigkeit einer nachhaltigen Personalführung. In: Mischo-Kelling, Maria/ Pazzini, Petra (Hg.):Primäre Pflege in Theorie und Praxis. Herausforderungen und Chancen. Bern, Hans Huber: S.131-152

Tewes, Renate (2008): Primary Nursing – das ungeahnte Powerpaket. In: Die Schwester Der Pfleger, 47. Jg. Heft 11: S. 055- 057

Uzarewicz, Charlotte/ Kirchermeier, Sonja (2004): Evaluation der Einführung von Primary Nursing im Krankenhaus München Bogenhausen. In: Perspektiven, Heft 2/2004, S. 4

Zisler, Renate (1999): Primary Nursing: Die Schlüsselfigur und ihr Team. In: Forum Sozialstation Nr. 96 ,Heft 2, S.56f., Tintenfaß. In: Josuks, Hannelore (2008): Primary Nursing: Ein Konzept für die ambulante Pflege. Ein Leitfaden zur Implementierung eines neuen Pflegesystems, 2. Aufl., Hannover, Schlütersche, S. 17